D1752573

Marty Brito

Wohin gehen die geträumten Dinge?

Aus dem «Buch der Fragen»
von Pablo Neruda
mit Antworten
von Kindern aus Chile

Atlantik

Para Andrea, Alina y Gabriel

In seinem Werk «Buch der Fragen»
stellte der Literatur-Nobelpreisträger Pablo Neruda Fragen an das Leben.
Fragen ohne Antwort… bis an einer Grundschule in Santiago de Chile
die Lehrerin Victoria Castro auf die Idee kam,
ihren acht- bis neunjährigen Schülerinnen und Schülern diese Fragen zu stellen.
Die Kinder gaben die Antworten – und wurden selbst zu Dichtern.
Die Ergebnisse dieses faszinierenden Projektes
inspirierten mich, eine Auswahl der Fragen und Antworten, in denen
über Poesie, Kinder und Farben gesprochen wird,
zu gestalten, zu illustrieren und in deutscher Übersetzung
mit dem Titel «Wohin gehen die geträumten Dinge?» herauszugeben.

Marty Brito

Sag mir, die Rose,

ist sie nackt

oder hat sie

nur diese Kleidung?

*Sie trägt nur
die Träume
der Sonne*

Sie trägt nun
die Tränen
der Sonne

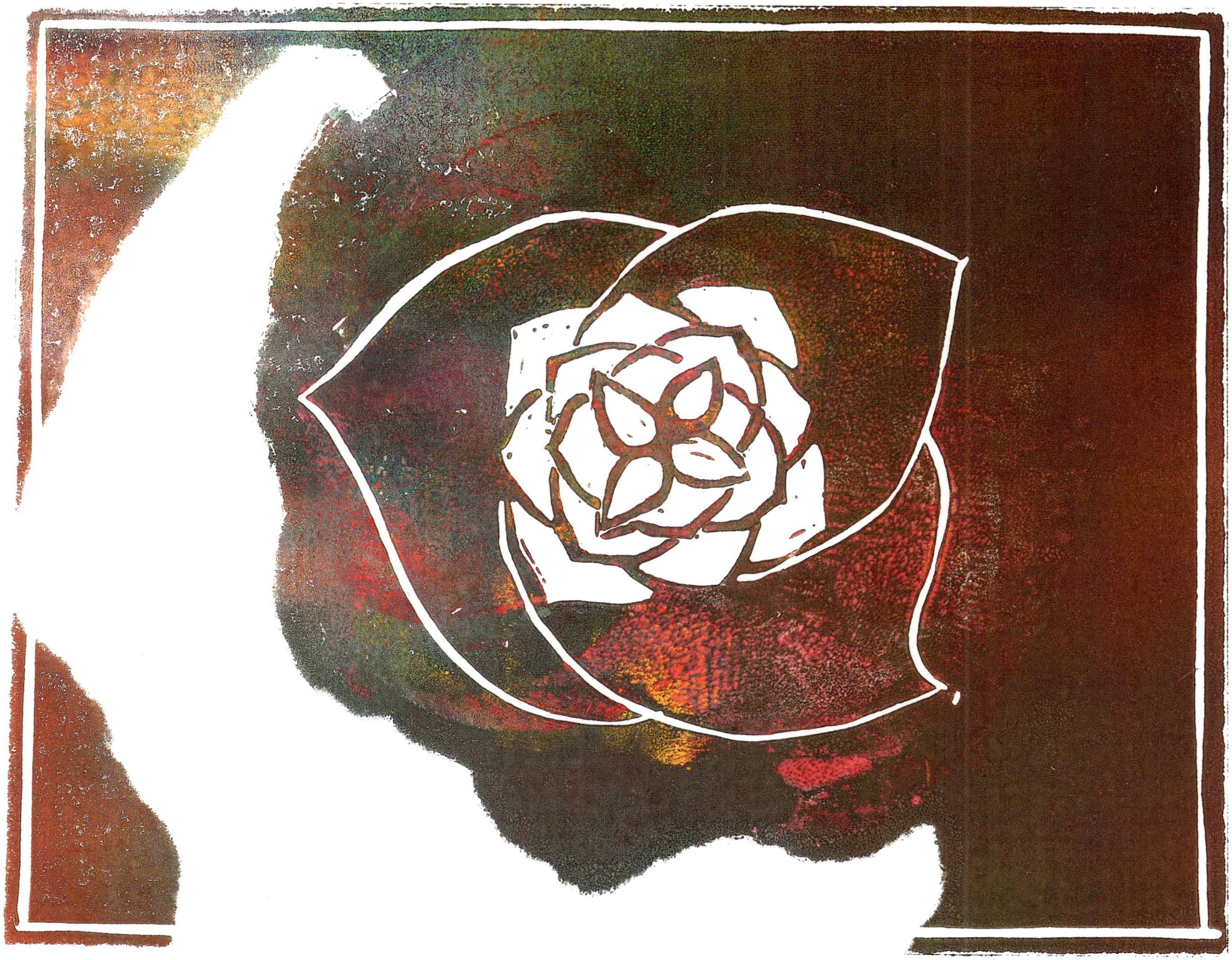

Wer singt vom Grund

des Wassers

des verlassenen

Sees?

Der Delphin,
der Wal
und der Frosch

Der Delphin,
der Wal
und der Frosch

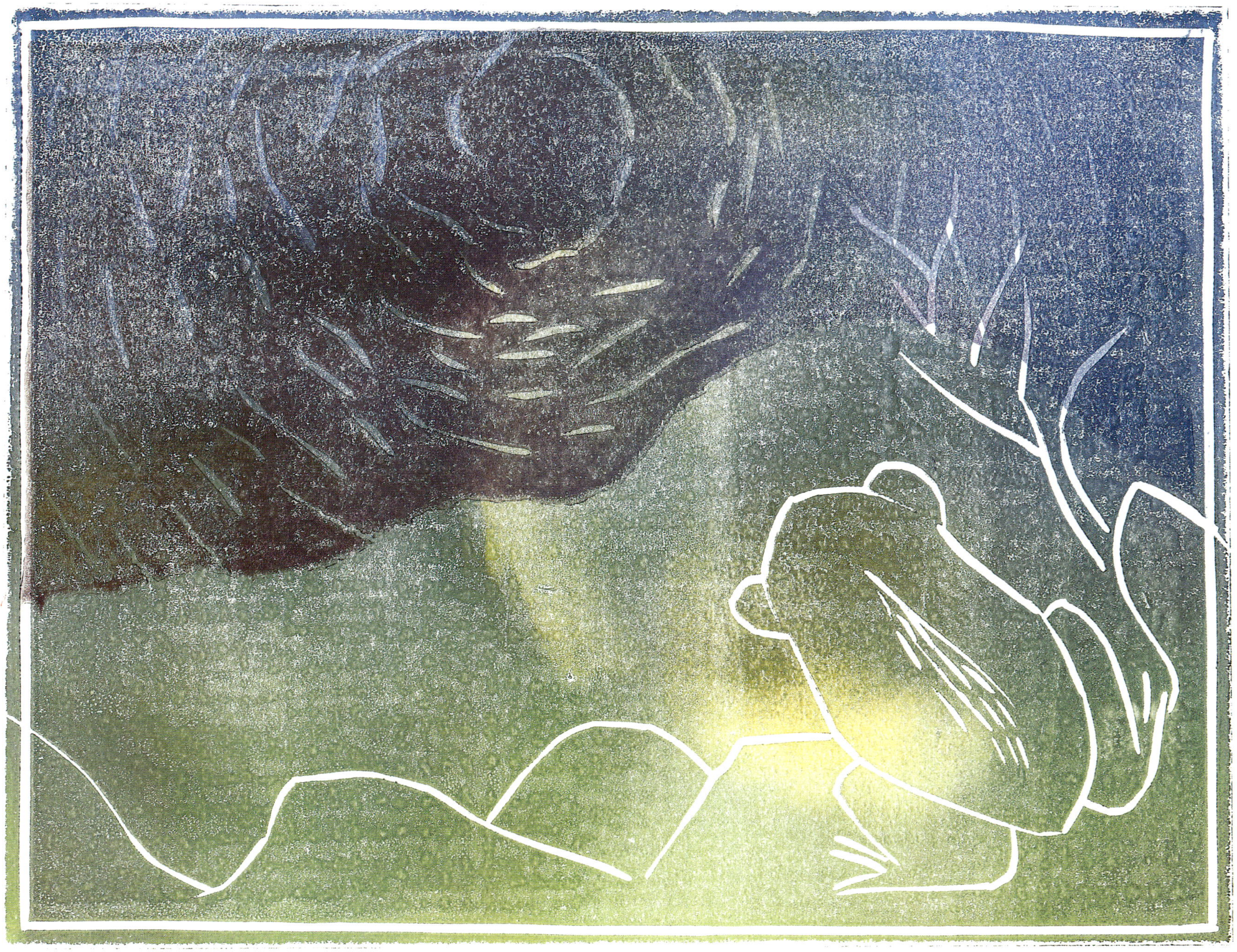

Wohin

gehen

die geträumten

Dinge?

Sie treffen sich mitten anebana

Sie treffen sich
mit
anderen träumen

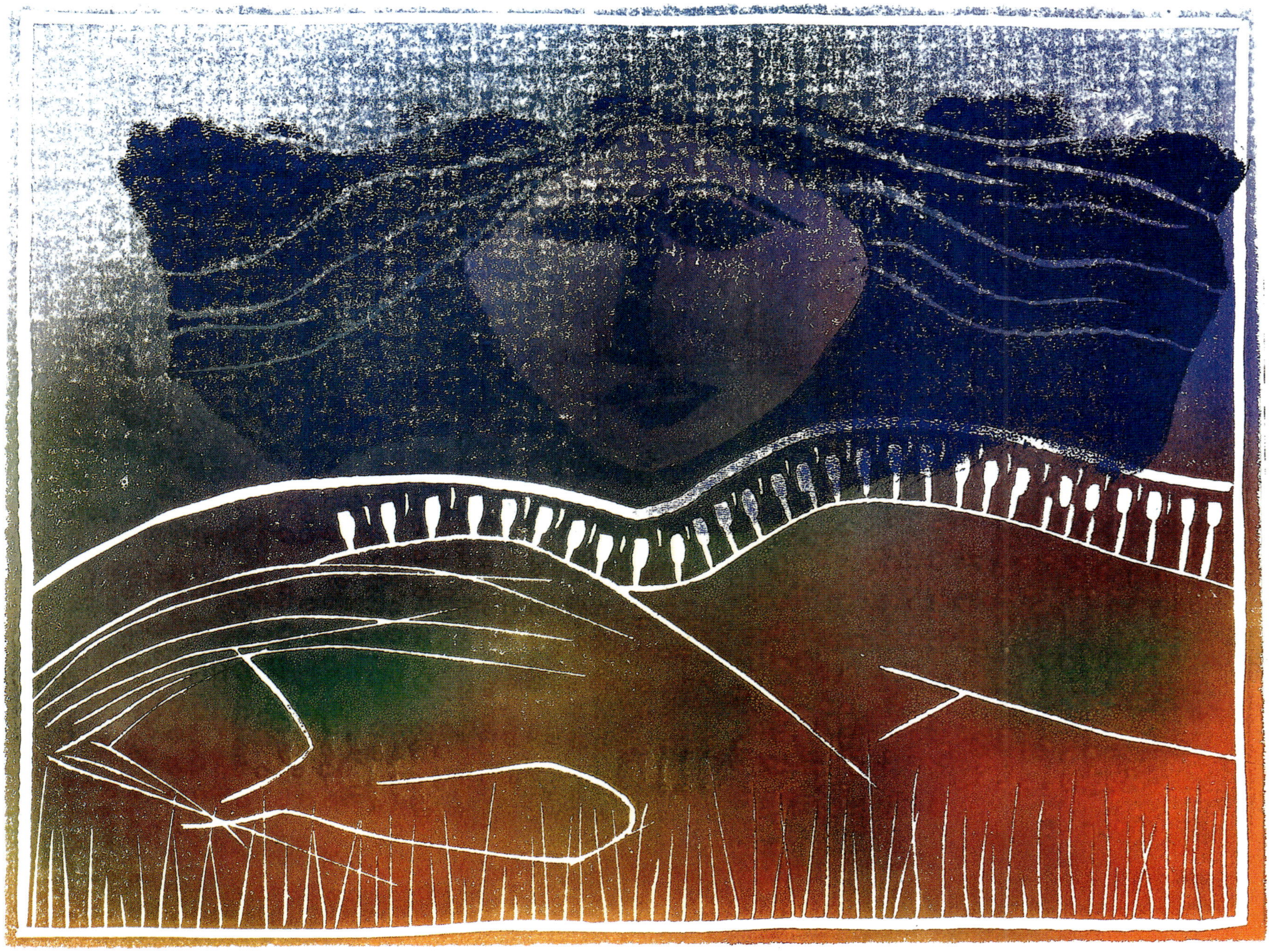

Geht das Gelb eines Tages

zur Neige,

woraus

machen wir dann das Brot?

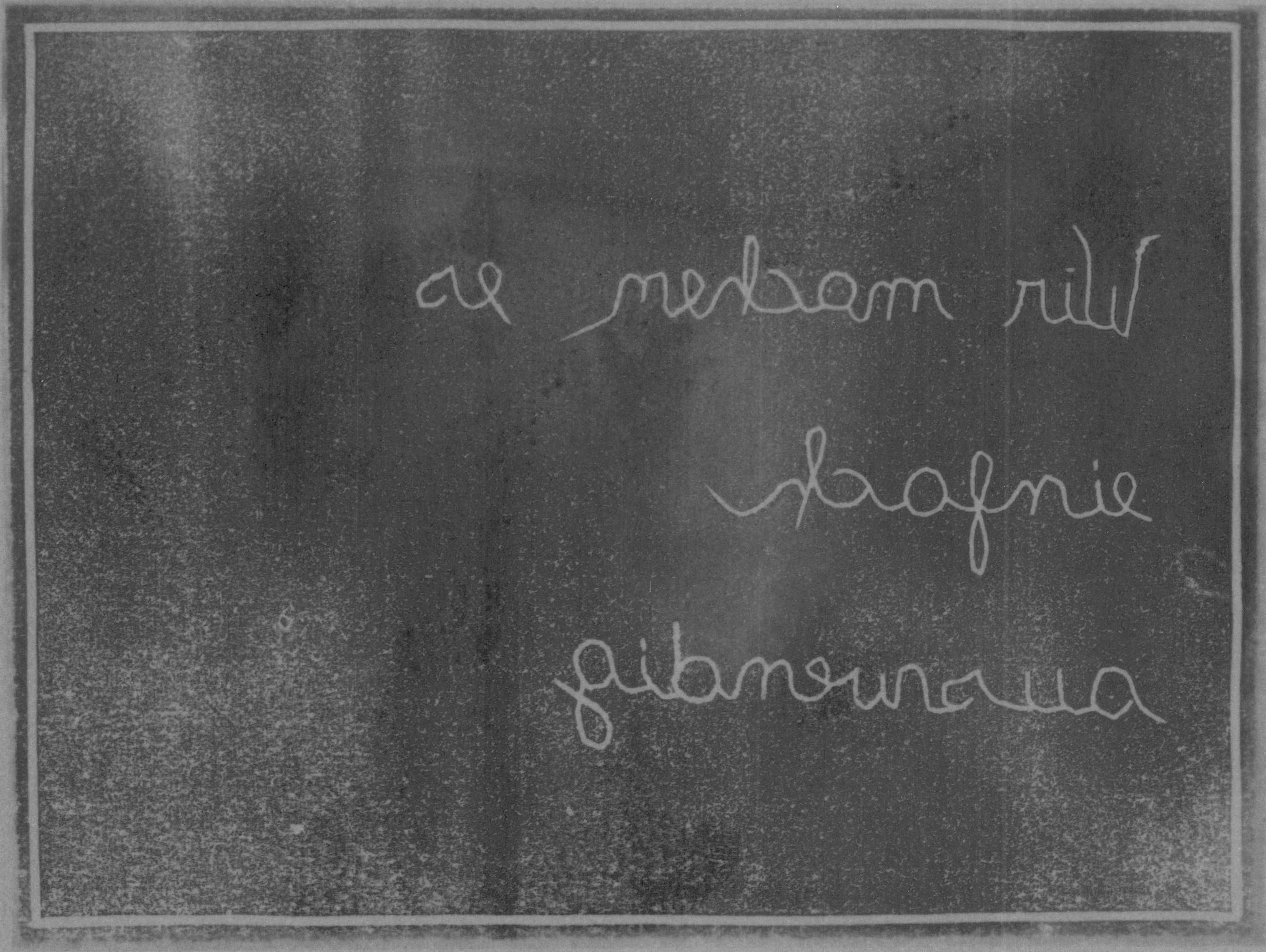

Wir machen es einfach auswendig

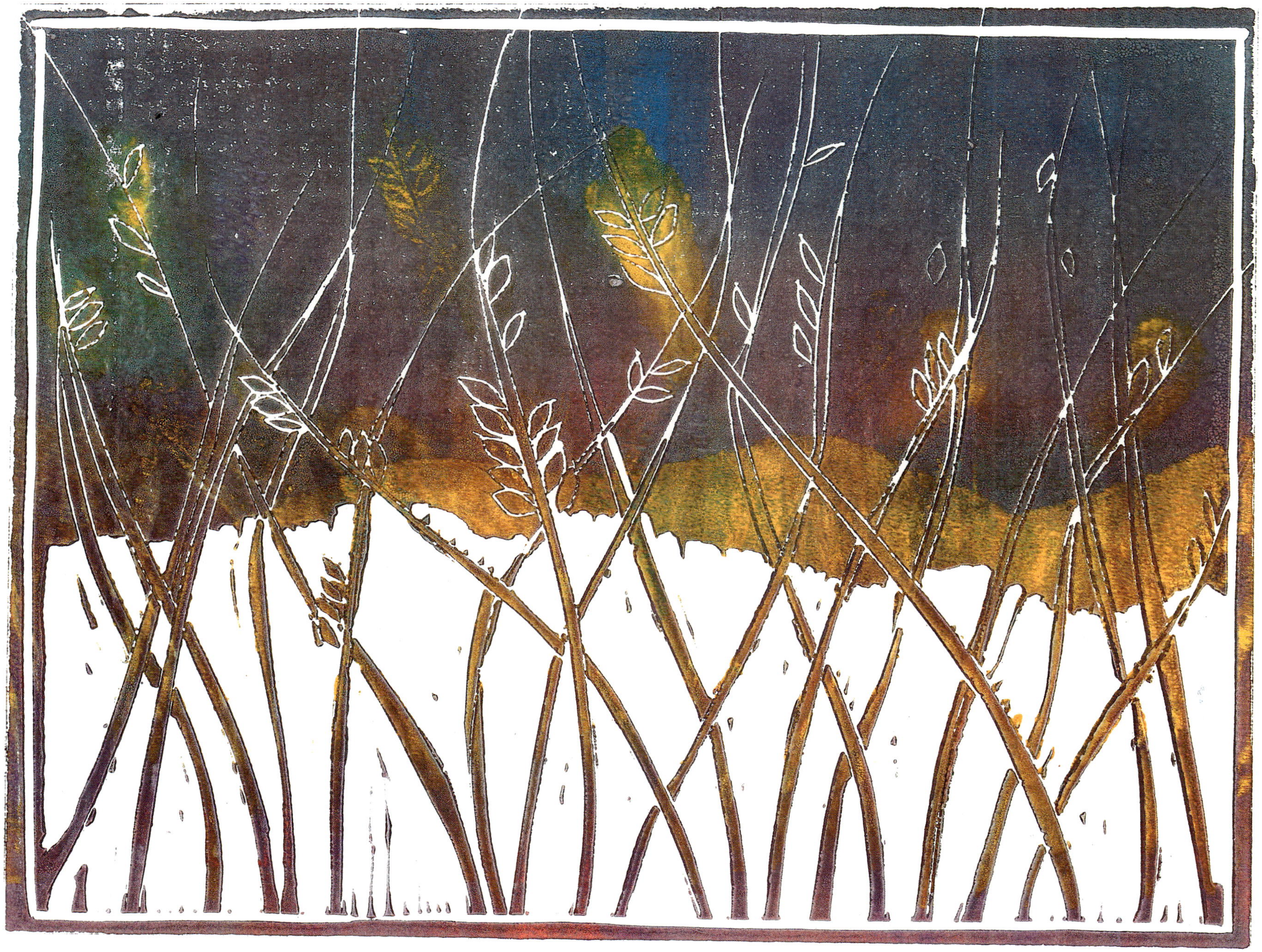

Wer alles

schrie vor Freude

als das Blau

geboren wurde?

Ich
und
meine schwarzen Schuld

Ich und meine schwarzen Schuhe

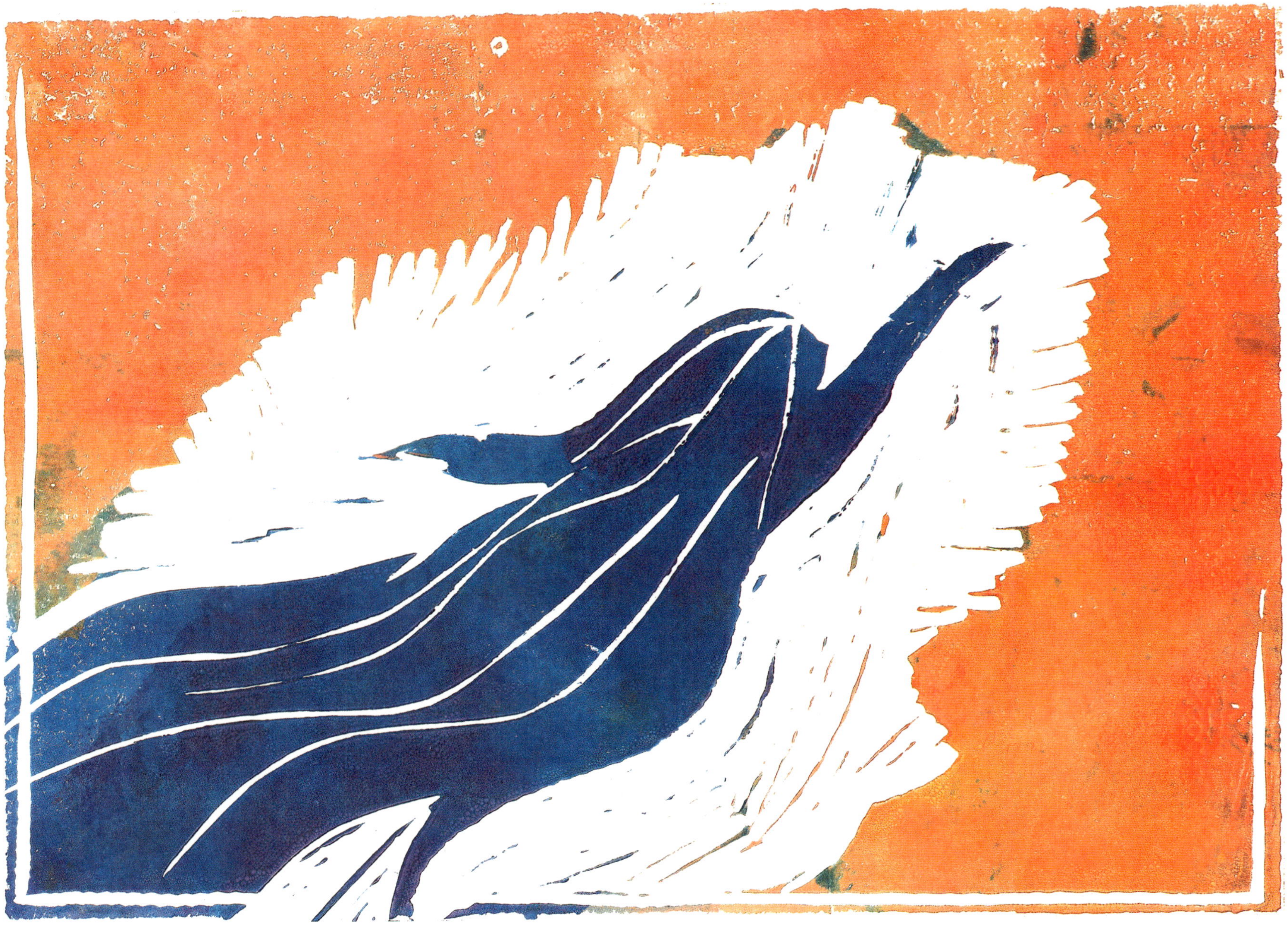

Wenn all die Flüsse

doch süss sind,

woher hat das Meer

soviel Salz?

Von den Tränen
der
Madame Mandarin

Von den Tränen
der
armen Menschen

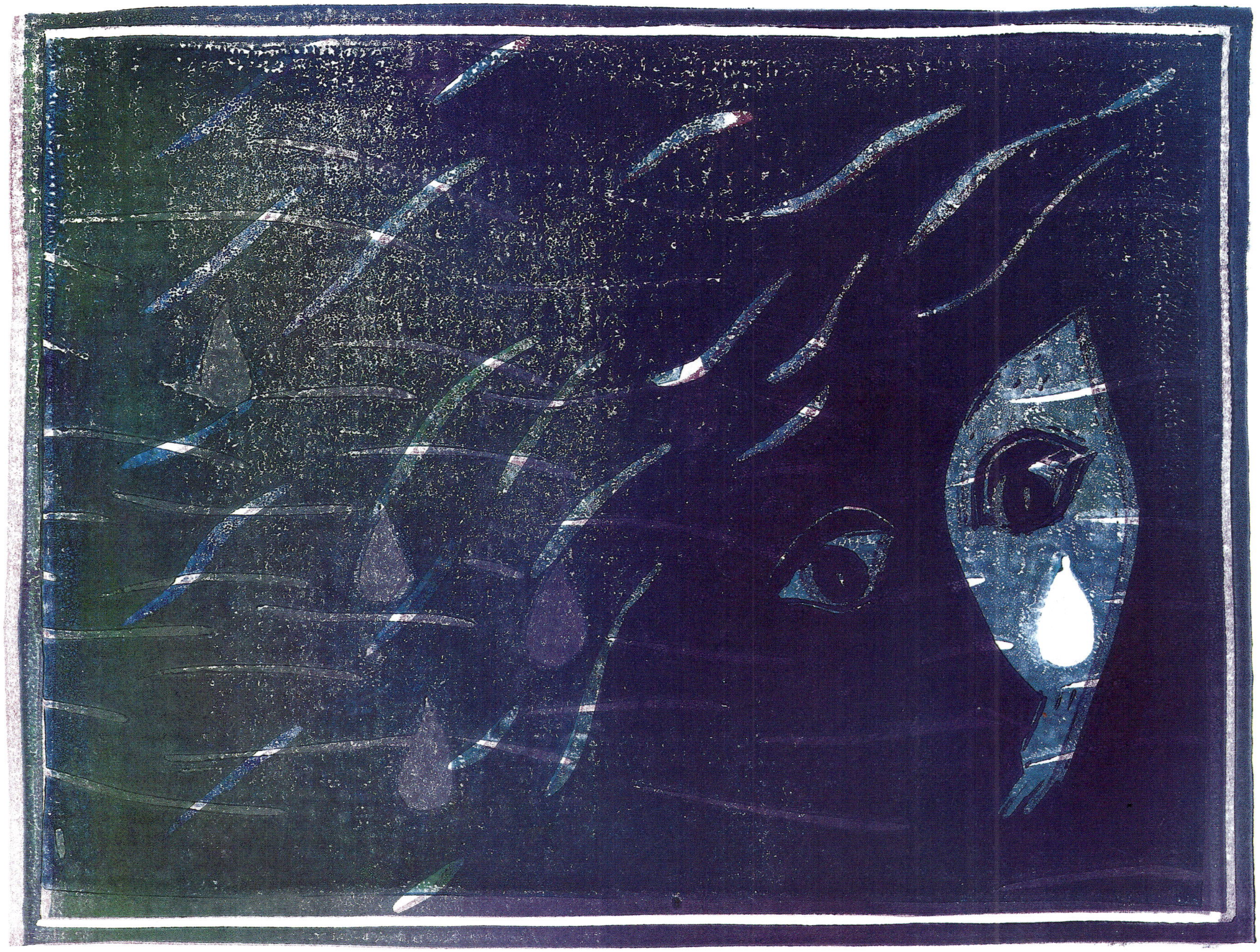

Warum lehrt man nicht

die Hubschrauber,

aus der Sonne

Honig zu saugen?

Weil die
ihr Käse
von Mord haben

Weil sie lieber Käse vom Mond holen

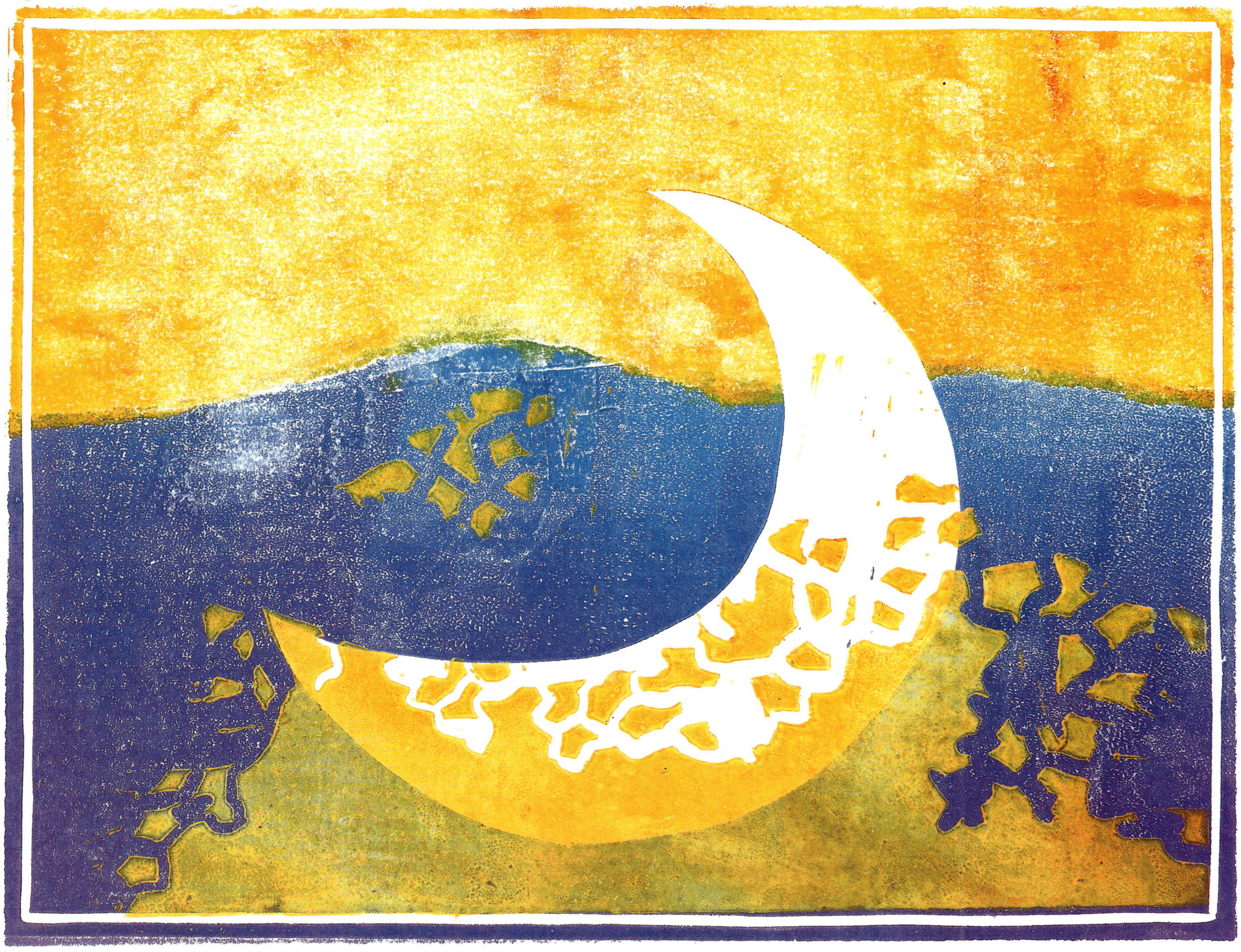

Weshalb nur

verbergen die Bäume

all die Herrlichkeit

ihrer Wurzeln?

Weil ihre Herzen durch
die Wärme und das Raumen
der Erde geschützt sein sollen

Weil ihre Herzen durch die Wärme und das Rauschen der Erde geschützt sein sollen.

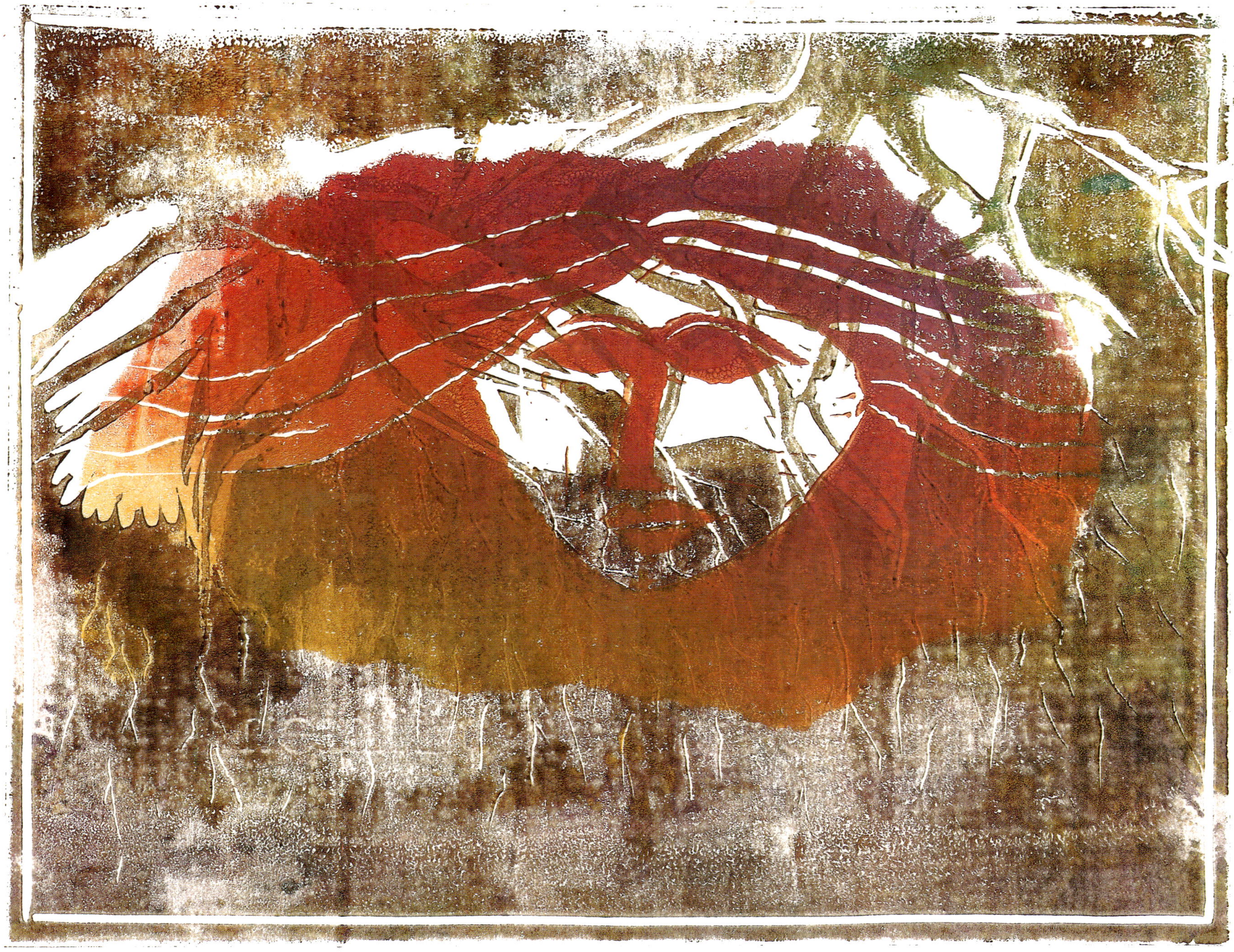

Warum

wollen die Blätter

sterben

wenn sie sich gelb fühlen?

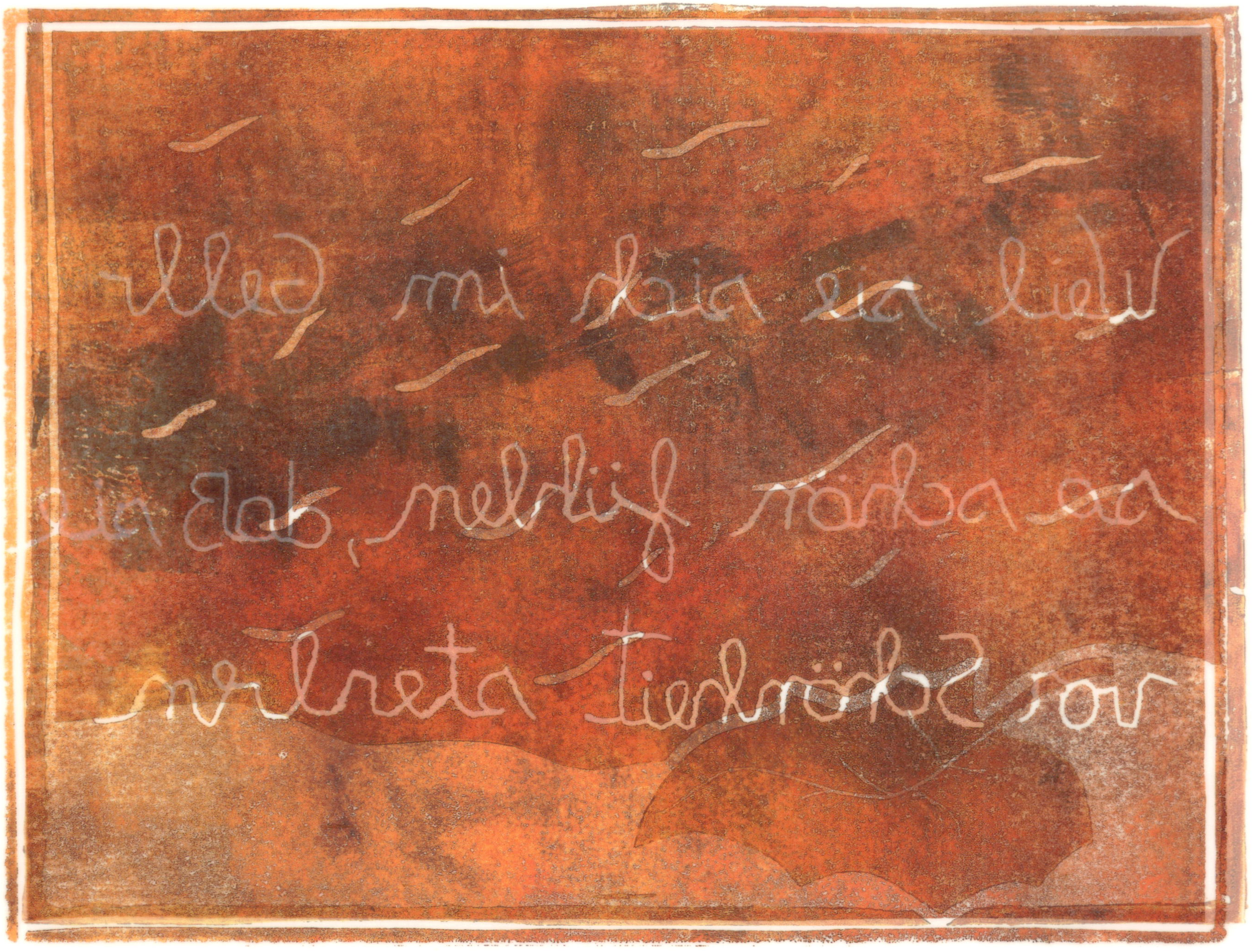

Wen kann ich fragen,

wozu

bin ich auf die Welt

gekommen?

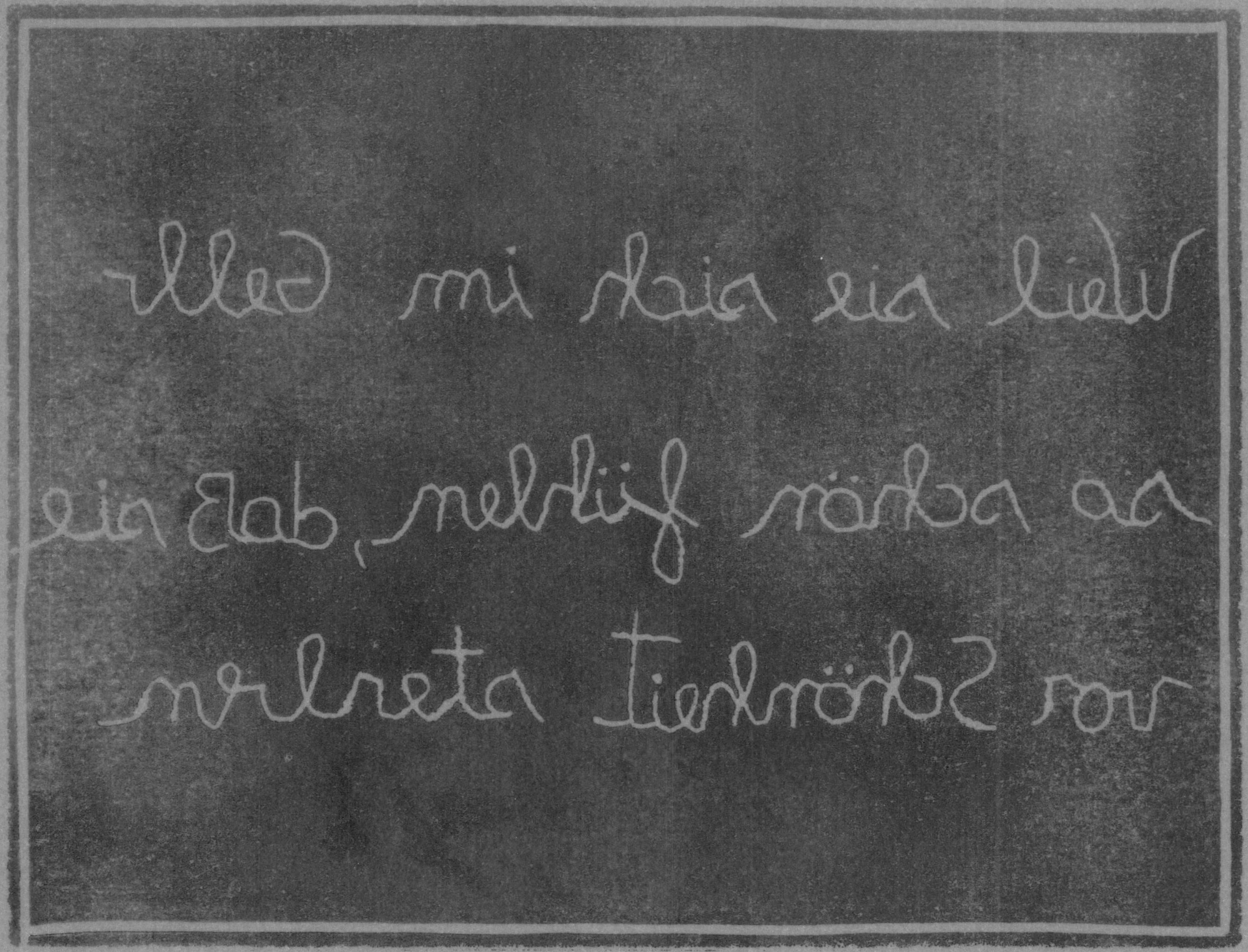

Weil sie sich im Gelb so schön fühlen, daß sie vor Schönheit sterben

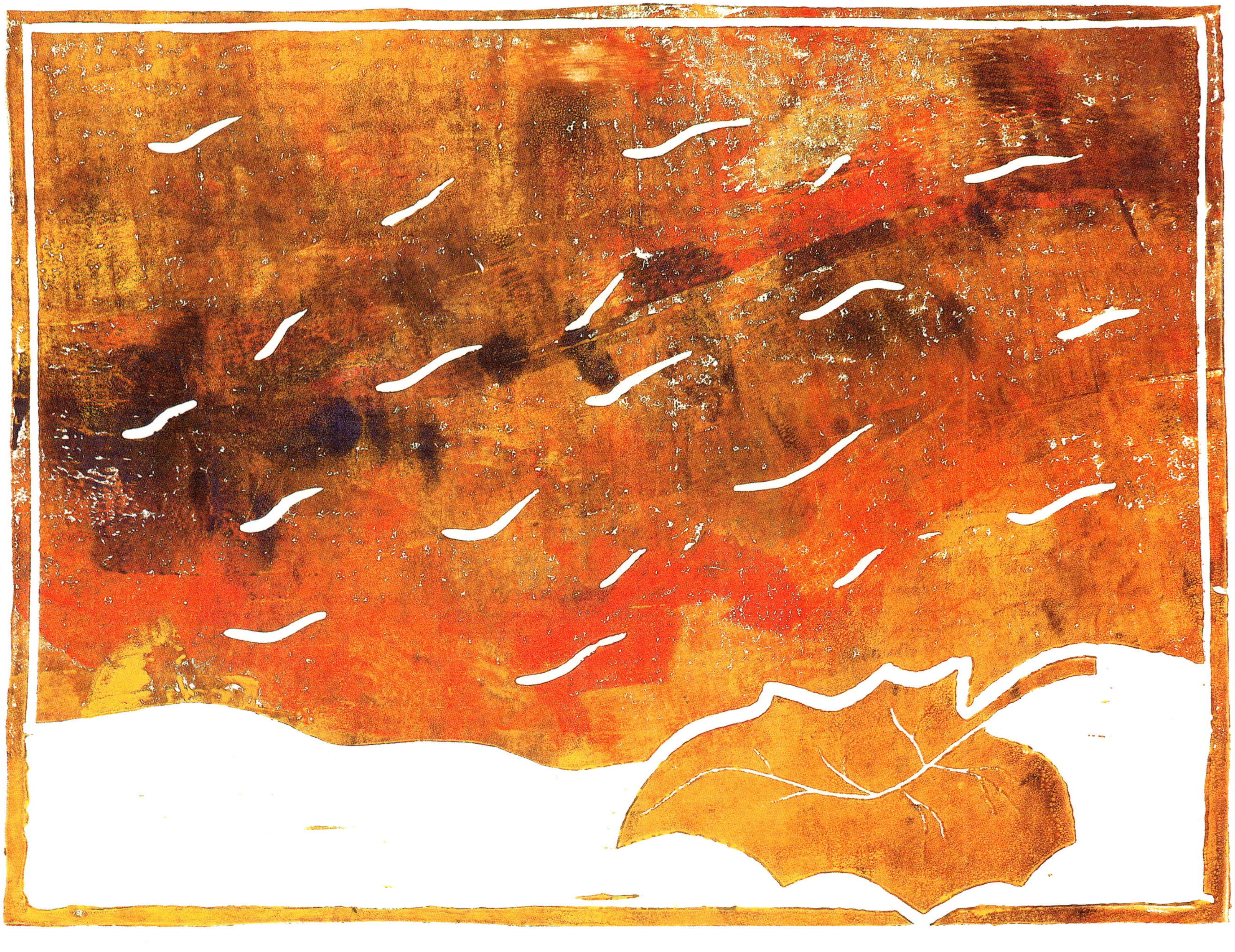

Wen kann ich fragen,

wozu

bin ich auf die Welt

gekommen?

Eine Taube mit nur
einem Flügel auf der
Spitze eines Apfelbaumes.

Eine Taube mit nur einem Flügel auf der Spitze eines Apfelbaumes

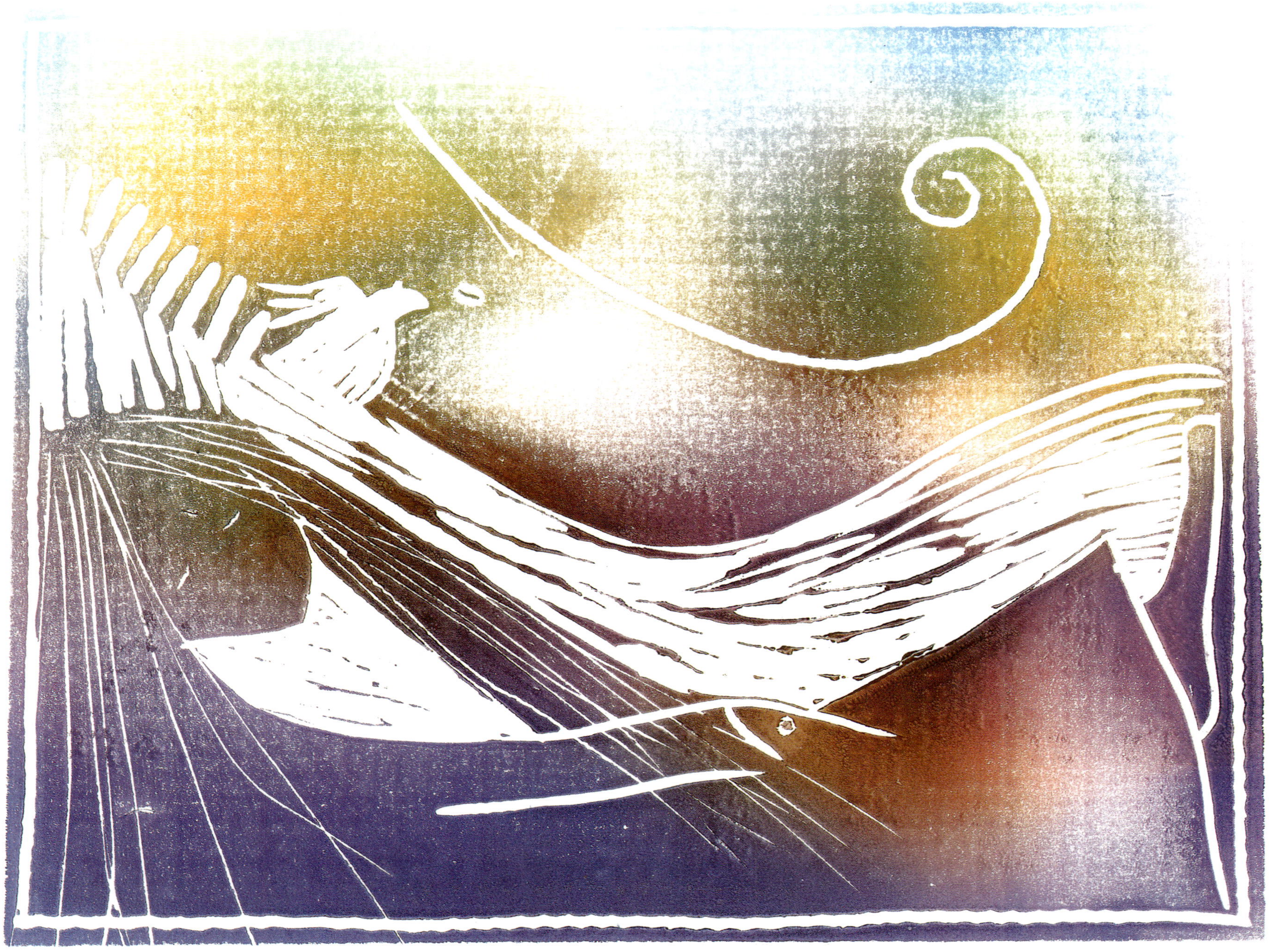

Die Deutsche Bibliothek - CIP-Einheitsaufnahme

Brito, Marty:
Wohin gehen die geträumten Dinge? : aus dem "Buch der Fragen" von Pablo Neruda
mit Antworten von Kindern aus Chile / Marty Brito. - 2. Aufl. - Bremen : Atlantik, 1997
ISBN 3-926529-50-4

Texte:	Pablo Neruda: Zehn Fragen aus «Buch der Fragen» in: Pablo Neruda «Das Lyrische Werk in 3 Bänden», Bd. 3 (Hrsg. von Karsten Garscha) © 1986 by Luchterhand Literaturverlag, Hamburg und Zürich
	Antworten der Kinder mit freundlicher Genehmigung von der Lehrerin Victoria Castro, Chile
Herausgeberin:	Marty Brito, Bremen
Auflage 1993	Marty Brito
Auflage 1997	Atlantik Verlag
	© 1997 für die deutschsprachige Gesamtausgabe: Atlantik Verlags- und Mediengesellschaft Elsflether Str. 29 * D-28219 Bremen Fon 0421/382535 * Fax 382577 Alle Rechte vorbehalten
Gestaltung, Satz, Illustrationen:	Marty Brito
	Der Satz wurde ursprünglich im Bleisatz, die Illustrationen als Linolschnitte erstellt.
Gesamtherstellung:	Druckerei Plakativ, 26209 Kirchhatten
Dank:	an Prof. Jobst von Harsdorf für die freundliche und professionelle Unterstützung

ISBN 3-926529-50-4

Printed in the Federal Republic of Germany